Isabelle Dorison

Peinture sur métal

Photos
Sylvie Vernichon

Avec la collaboration de
Lefranc & Bourgeois

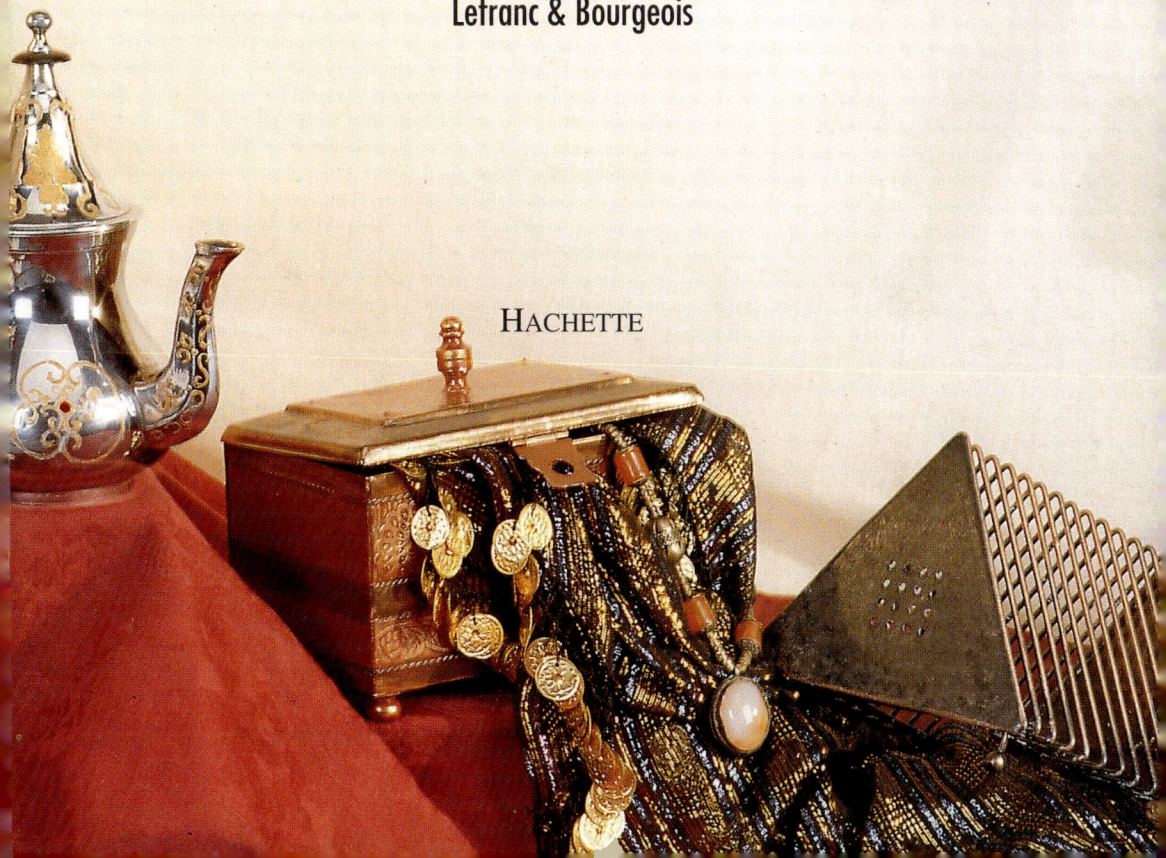

Hachette

Sommaire

4 Introduction
5 La préparation des surfaces
6 La décoration
8 Le matériel

11 Ambiance naïve
12 Le coq porte-torchons
14 Le seau aux poussins
15 Le seau aux œufs
16 Le seau à la poule
17 La boîte à couverts
19 Le pot à lait

23 Ambiance contemporaine
24 Le range-CD
25 La corbeille à papier
26 Le tableau d'affichage
27 La boîte de rangement
28 Le plumier

31 Ambiance africaine
32 Le vase
33 Le bougeoir
34 La coupe
36 Le cadre
37 Le pied de lampe

39 Ambiance orientale
40 La théière
41 Le plateau
43 Le flacon d'eau de fleur de rose
44 Le coffre
45 Le lustre

47 Ambiance jardin secret
48 L'arrosoir
49 La cafetière aux dahlias
51 La jardinière
53 La coupe de fruits
54 La girouette

56 Modèles

INTRODUCTION

De la petite boîte de bonbons au supersonique
en passant par les menuiseries extérieures d'immeubles modernes,
l'usage du métal est maintenant très répandu grâce à
ses propriétés multiples. Longtemps cependant, le travail artisanal
du métal a nécessité un long savoir-faire et son
utilisation a été restreinte aux outils ou aux accessoires précieux.
Les différentes révolutions industrielles ont petit à petit
accéléré les procédés de transformation et de fabrication ;
le métal sous toutes ses formes a alors remplacé
les autres matériaux (terre, bois, etc.) dans bien des domaines.
Plus récemment, il a été lui-même supplanté par le plastique,
là où ses propriétés sont moins performantes.
Aujourd'hui dans la vie quotidienne, c'est surtout dans la cuisine
que nous côtoyons des objets en métal, de la batterie
de cuisine aux boîtes diverses fabriquées en série, comme a
su l'immortaliser Andy Warhol avec ses soupes Campbell.
Par ailleurs le design et la technologie moderne ont su apprivoiser
l'usage du métal en architecture extérieure et intérieure,
mais aussi l'adapter au mobilier. Meubles et accessoires sont
déclinés en acier ou bien en aluminium.
Depuis quelques années, un engouement pour
les objets d'antan fabriqués de manière artisanale ou pour ceux
du début de l'ère industrielle a fait apparaître,
dans la décoration, des rééditions d'objets en acier galvanisé
ou bien l'importation d'objets manufacturés de différentes
régions du monde. C'est donc un grand choix d'objets
en métal à peindre qui s'offre au public.
Dans cet ouvrage vous trouverez 5 ambiances qui
permettent d'aborder différentes techniques de peinture sur métal.
Elles sont inspirées des procédés de peinture
traditionnelle et sont adaptées à chacun des objets choisis,
pour mettre en évidence ce qu'ils suggèrent, que ce soit
un style ou même une sensation...

La préparation des surfaces

Il est possible de peindre la plupart des objets en métal, cependant chacun d'entre eux demande une préparation spécifique, selon la nature, l'état du métal qui le constitue et l'usage ultérieur que l'on veut en faire.

1 *Nettoyez chaque objet en le lessivant ou en le dépoussiérant avec une éponge humide.*

2 *Laissez sécher et dégraissez avec un chiffon imbibé d'alcool à 70°.*

4 *Pour les objets déjà émaillés ou laqués, poncez avec du papier de verre pour métal au grain très fin.*

5 *Passez une sous-couche d'accroche avant de peindre. Pour les objets en métal ferreux qui seront utilisés à l'extérieur ou qui seront laissés dans un endroit humide, n'oubliez pas de passer une couche d'antirouille.*

3 *Si l'objet à peindre présente des traces de rouille, poncez-le avec du papier de verre pour métal. Finissez de le nettoyer avec une brosse métallique.*

6 *Pour les objets dont la surface est très lisse comme le zinc, l'aluminium ou l'acier galvanisé, vous pouvez passer une sous-couche d'accroche si cette surface est particulièrement importante.*

INTRODUCTION

La décoration

Les peintures

● Les peintures acryliques (diluables à l'eau) s'appliquent sur le métal. Pour améliorer leur adhérence, passez une sous-couche d'accroche. La gamme Déco brillante, bien adaptée aux travaux de loisirs, peut être cuite au four ménager à 150 °C pendant 30 mn, ce qui permet d'améliorer sa résistance au temps. Faites préchauffer votre four à l'avance. Son emploi est aisé car cette peinture est inodore, sèche très vite (30 mn) et les outils pour l'appliquer se nettoient sous l'eau. Pour de petites surfaces ou quand les couleurs sont particulièrement nombreuses, elle est tout à fait indiquée.

● Les peintures glycérophtaliques (diluables à l'essence de pétrole conviennent parfaitement aux objets en métal. Elles ont une grande résistance à l'humidité et à la chaleur. Elles sont parfaites pour l'extérieur. Elles offrent un résultat tendu et opacifiant. La gamme Céramic, conditionnée en petits flacons bien pratiques, donne un aspect laqué très brillant, proche de l'émaillage. Travaillez dans une pièce bien aérée quand vous l'utilisez. Son temps de séchage rapide (12 h) permet de revenir, si besoin est, sur un motif ou sur une couleur sans surcharger la surface de peinture.

• La peinture à l'huile de type Beaux-Arts (diluable à l'essence de térébenthine) est très agréable d'emploi, pour la subtilité des mélanges que l'on peut obtenir. Toutefois son temps de séchage est très long et son prix assez élevé.

• La peinture pour vitrail (diluable à l'essence de pétrole) teinte le métal tout en le laissant transparaître et permet d'obtenir un joli effet de contraste avec une peinture opaque.

Les oxydants

Les produits d'oxydation et de patine s'appliquent en deux temps. On passe d'abord deux couches d'une base teintée (cuivre, or ou fer) que l'on laisse sécher selon le temps recommandé dans la notice du produit, puis une couche de produit oxydant. La réaction chimique est spectaculaire et donne un caractère ancien aux objets traités. Pour les supports en métal ferreux, n'oubliez pas de passer une couche d'antirouille. Les teintes obtenues peuvent être retravaillées.

Les cires

Les cires colorées à base de métal (cuivre, or, argent) s'appliquent aisément sur toutes les surfaces (reliefs, fils, surfaces planes) du bout des doigts ou avec un chiffon. Frottées, elles prennent un aspect très brillant. Elles sont très faciles d'emploi et apportent une finition très soignée.

1. Peintures Céramic 250 ml. **2.** Peinture Déco brillante 250 ml. **3.** Treasure copper (cire cuivrée). **4.** Treasure silver (cire argentée). **5.** Treasure gold (cire dorée). **6.** Médium à craqueler. **7.** Peintures Vitrail. **8.** Cern'couleurs noir. **9.** Cern'couleurs or. **10.** Cern'couleurs gris. **11.** Cern'couleurs argent. **12.** Déco brillante. <u>Modern options</u> : **13.** Base dorée. **14.** Base cuivre. **15.** Base fer. **16.** Base argent. **17.** Patine bleue. **18.** Oxydation. **19.** Finition noire. **20.** Finition rouge. **21.** Apprêt spécial métal. **22.** Nettoyant pour métal **23.** Essence de pétrole. **24.** Peinture Céramic.

Le médium à craqueler
C'est un produit que l'on passe entre deux couches de peinture acrylique. La deuxième couche craquelle immédiatement. La matière obtenue donne un aspect de vieux cuir.

Le Cern'couleurs pour vitrail
Ce sont des tubes de peinture terminés par un embout très pointu qui permet de tracer des traits fins en relief. Ils peuvent servir à cloisonner des couleurs ou bien à dessiner des motifs. Ils existent en différents coloris selon les marques.

Le matériel

Le papier de verre
Il existe du papier de verre pour métal. Pour les objets présentés dans l'ouvrage, prenez du papier de verre au grain très fin (n° 320). Poncez avec une cale en bois que vous aurez fabriquée avec un tasseau ou une cale du commerce. Enveloppez la cale avec la feuille de papier de verre, les côtés de la feuille se rejoignent sur le dessus de la cale.

Les pinceaux
• Les brosses plates en poils acryliques existent en différentes tailles. Selon leur taille, elles servent à peindre des surfaces planes plus ou moins grandes. Elles permettent la réalisation d'aplats (couleur peinte sans trace de pinceau). Elles sont pratiques pour les motifs géométriques.
• Les brosses rondes synthétiques, en petit-gris ou en martre, existent aussi en différentes tailles. Grâce à la souplesse de leurs poils, elles s'utilisent pour le tracé des motifs ou pour les petites surfaces.
• Les brosses à pochoir, au poil dru et court, servent à la réalisation des pochoirs. Elles permettent de tamponner la peinture.
• Les piques de bois sont bien pratiques pour tracer des traits en relief ou de petits pois.

Les effets décoratifs
Quel que soit le support, les effets décoratifs, sont l'expression de votre inventivité. Amusez-vous à trouver des textures les plus inattendues pour laisser des empreintes ou bien, au contraire, pour dépouiller partiellement les surfaces peintes.

Les pochoirs

Réalisez-les dans du carton de type bristol ou bien dans une feuille de Rhodoïd. Évidez le motif au cutter en prenant soin de laisser un espace plein entre chacun des motifs.

1. Éponge. *2.* Cale à poncer. *3.* Papier de verre. *4.* Piques en bois. <u>Brosses plates</u> : *5.* n° 40. *6.* n° 30. *7.* n° 15. *8.* n° 10. *9.* Berceau à faux bois. *10.* Pinceau en martre pure n° 2. *11.* Crayon blanc pour métal. <u>Pochoirs</u> : *12.* Lettres. *13.* Poires. *14.* Poules. *15.* Brosse à pochoir. *16.* Brosse plate n° 6. *17.* Brosse longue synthétique n° 8. *18.* Brosse longue synthétique n° 6. *19.* Pinceau petit-gris n° 2.

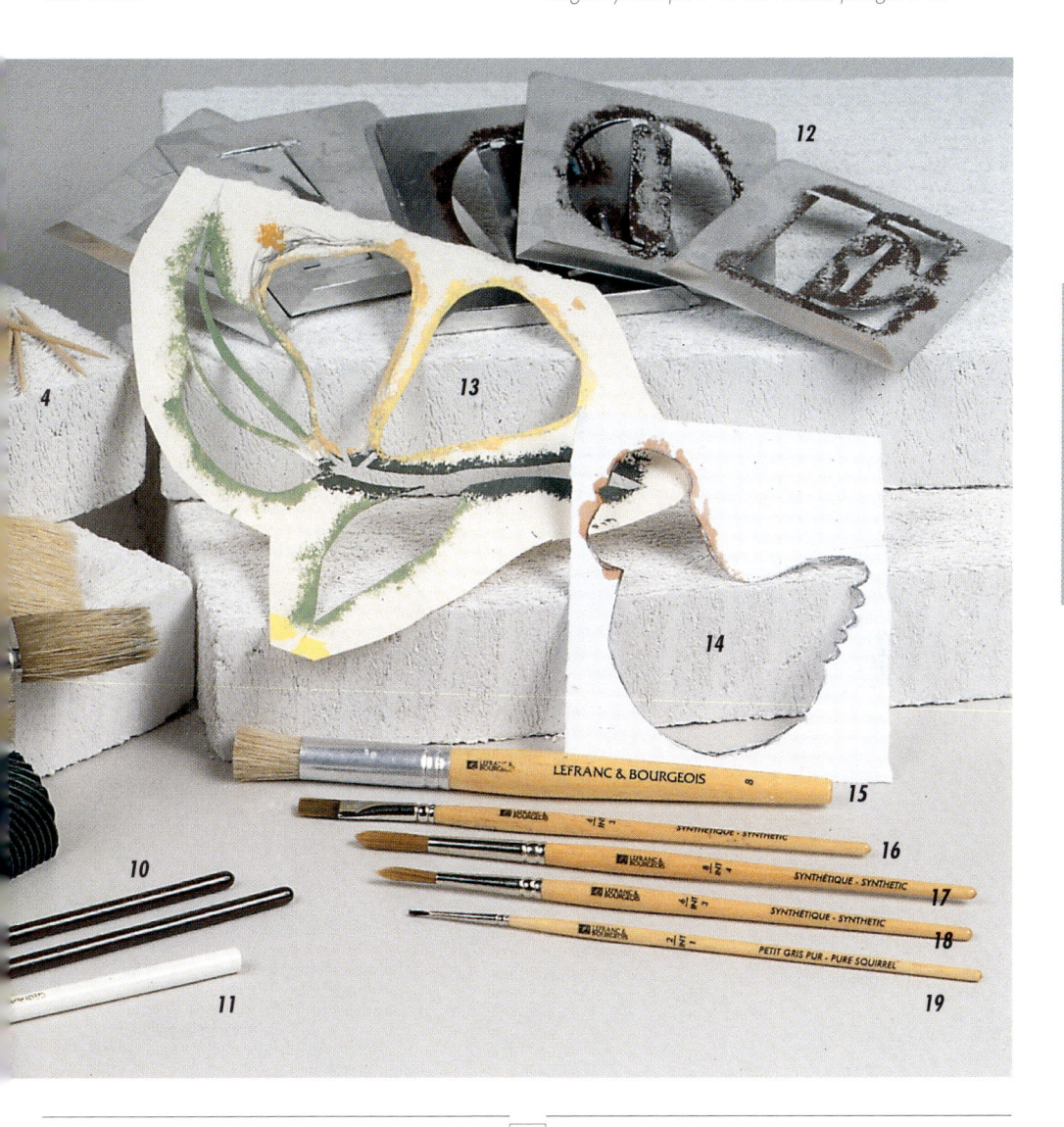

INTRODUCTION

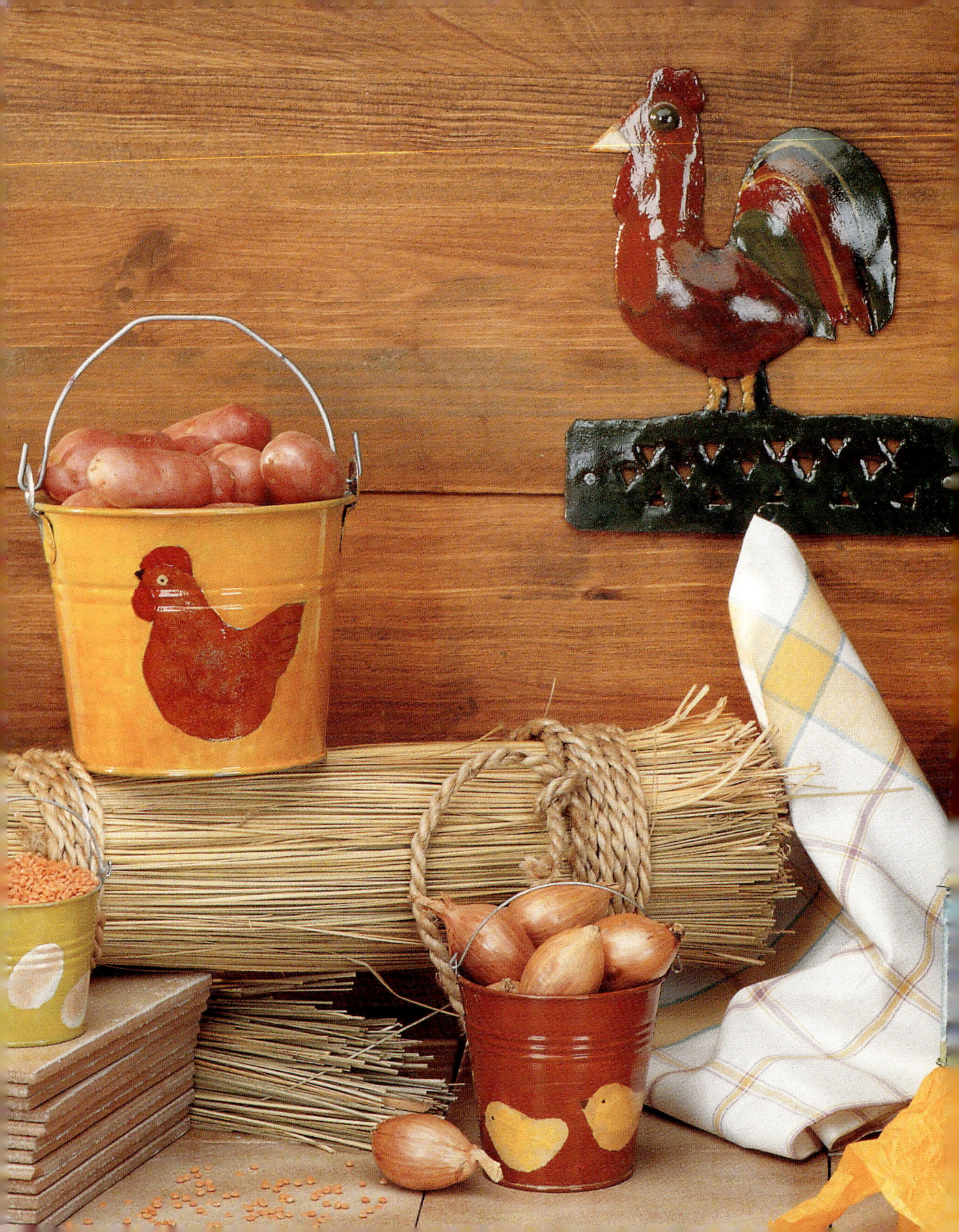

Ambiance
NAÏVE

De drôles de gallinacés sont installés dans la cuisine. Le coq s'apprête à chanter. La poule veille. Le pot à lait se souvient de sa prairie fleurie. La fermière, sans perdre son sens pratique, utilise, pour étendre le linge, une boîte à biscuits où un âne facétieux se cache. Inspiré de comptines enfantines, chaque décor offre des motifs simples et naïfs aux couleurs chatoyantes. Découpez des pochoirs, peignez des aplats, dessinez. Avec gaieté, décorez et détournez de leur fonction première des objets chinés ou réédités. Avec une telle batterie de cuisine, soyez sûre que votre prochaine recette ne manquera pas de sel !

Le coq porte-torchons

2 *Avec le crayon blanc pour métal, dessinez les zones que vous désirez mettre en couleur. Tracez 4 arcs symbolisant les formes de la queue. Dessinez la base du collier de plumes.*

3 *Peignez l'arc de plumes central de la queue avec le coloris terre de Sienne brûlée. Utilisez le pinceau synthétique rond n° 6. Lissez avec la brosse plate n° 6 pour donner un aspect opaque à la couleur. Nettoyez soigneusement les pinceaux à l'essence de pétrole.*

FOURNITURES

- Accroche-torchon
- Crayon blanc traceur spécial métal
- Brosse plate n° 6
- Pinceau synthétique rond n° 6
- Pinceaux petit-gris n° 6 et 2
- Peinture Céramic à froid : jaune d'or, noir, rouge grenat, vert clair, terre de Sienne brûlée
- Essence de pétrole
- Chiffon
- Alcool à 70°

Mon conseil

Pour ce coq d'inspiration naïve, optez pour une mise en couleur simple et tonique. Pensez à nettoyer les pinceaux à chaque nouvelle couleur pour qu'elles ne se mélangent pas.

1 Dégraissez la surface du porte-torchons avec un chiffon imprégné d'alcool.

4 *Peignez la crête, le jabot et un des arcs de la queue en rouge grenat avec le pinceau petit-gris n° 6. Lissez avec la brosse n° 6. Nettoyez les pinceaux.*

5 Mélangez de la peinture vert clair avec un peu de terre de Sienne brûlée et de jaune d'or, pour obtenir un vert olive. Peignez les arcs de part et d'autre de la queue.

6 Peignez les yeux avec le pinceau petit-gris n° 6 et le même mélange. Lissez avec la brosse n° 6. Nettoyez les pinceaux.

7 Mélangez du noir à la couleur terre de Sienne brûlée pour obtenir un brun et peignez l'arc de la queue restant avec le pinceau petit-gris n° 6.

8 Lissez avec la brosse n° 6, puis nettoyez soigneusement les pinceaux.

9 Peignez le corps du coq avec un mélange de rouge grenat et de terre de Sienne, à l'aide du pinceau petit-gris n° 6. Lissez avec la brosse n° 6.

10 Peignez le bec, les pattes, et de petites lignes sur la queue en jaune d'or à l'aide du pinceau petit-gris n° 2.

11 Peignez le socle en vert olive soutenu, avec le pinceau synthétique n° 6. Lissez avec la brosse plate. Nettoyez les pinceaux.

AMBIANCE *naïve*

Le seau aux poussins

FOURNITURES

- Seau de taille moyenne
- Peinture Céramic : jaune d'or, vert clair, terre de Sienne brûlée, noir
- Brosse plate n° 15
- Brosse à pochoir n° 4
- Feuille de carton ou de Rhodoïd
- Pinceau petit-gris n° 2
- Essence de pétrole
- Chiffon
- Alcool à 70°
- Cutter

1 Dégraissez la surface du seau avec le chiffon imprégné d'alcool.

2 À l'aide de la brosse n° 15, peignez l'ensemble du seau avec de la peinture de coloris terre de Sienne brûlée.

3 Nettoyez la brosse à l'essence de pétrole. Laissez sécher 12 h.

4 Recopiez le motif des poussins (voir p. 57) sur le carton ou bien sur du Rhodoïd. Évidez les motifs au cutter de façon à réaliser un pochoir.

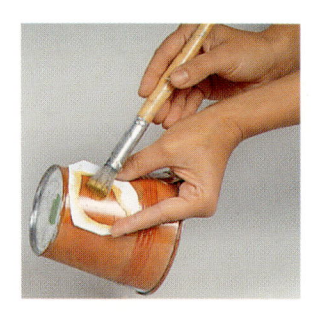

5 Quand la peinture est sèche, positionnez votre pochoir et appliquez la peinture jaune d'or légèrement teintée avec de la peinture terre de Sienne brûlée, à l'aide de la brosse à pochoir. Reproduisez le motif tout autour du seau.

Mon conseil

Comme la peinture Céramic sèche lentement, prenez soin de ne pas endommager votre premier motif en l'essuyant par mégarde. Pour pallier cet inconvénient, laissez un écart suffisamment grand entre chaque motif ou bien confectionnez le pochoir avec deux motifs.

---

6 Mélangez un peu de vert clair, avec de la terre de Sienne brûlée et une pointe de noir pour obtenir un joli brun. Avec la pointe du pinceau petit-gris n° 2, dessinez le bec, et un petit pois pour l'œil. Laissez sécher 12 h. Nettoyez vos pinceaux à l'essence de pétrole.

Le seau aux œufs

FOURNITURES

- Petit seau
- Peinture Céramic : jaune d'or, vert clair, blanc, terre de Sienne brûlée
- Feuille de carton
- Brosse plate n° 8
- Brosse à pochoir n° 4
- Essence de pétrole
- Chiffon
- Alcool à 70°
- Cutter

1 Dégraissez le seau avec un chiffon imprégné d'alcool.

2 Peignez le petit seau avec un mélange de vert clair et de jaune d'or à l'aide de la brosse plate n° 8. Laissez sécher 12 h.

3 Reproduisez le motif de l'œuf sur le carton (voir p. 57) et évidez-le, avec le cutter, pour réaliser un pochoir.

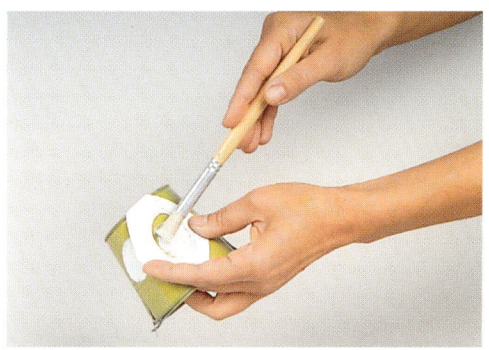

4 Quand la peinture est sèche, posez le pochoir sur le seau et appliquez la peinture blanche à l'aide de la brosse à pochoir. Dessinez le nombre d'œufs désiré.

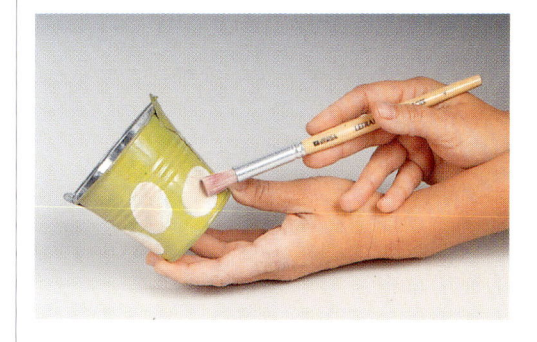

5 Mélangez de la peinture blanche avec une pointe de terre de Sienne brûlée pour obtenir une teinte vieux rose. Avec la brosse à pochoir, appliquez quelques touches de cette couleur pour donner du relief aux œufs.

6 Laissez parfaitement sécher. Nettoyez les pinceaux à l'essence de pétrole.

AMBIANCE naïve

Le seau à la poule

3 Recopiez le motif de la poule (voir p. 57) sur le carton ou sur le Rhodoïd. Évidez-le à l'aide du cutter, pour réaliser un pochoir.

4 Quand la peinture est sèche, appliquez le pochoir sur le seau et passez la couleur terre de Sienne brûlée à l'aide de la brosse à pochoir n° 4. Laissez sécher 12 h.

FOURNITURES

- Grand seau
- Peinture Céramic : jaune d'or, vert clair, terre de Sienne brûlée, noir, rouge grenat
- Feuille de carton ou de Rhodoïd
- Brosse plate n° 15
- Brosse à pochoir n° 4
- Pinceau petit-gris n° 2
- Essence de pétrole
- Chiffon
- Alcool à 70°
- Cutter

Mon conseil

Si la peinture est trop liquide, tamponnez la brosse à pochoir sur du papier absorbant. Pour réussir un pochoir la peinture ne doit pas couler.

1 Dégraissez la surface du seau avec un chiffon imprégné d'alcool.

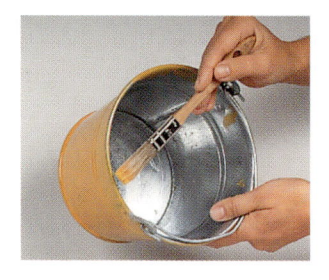

2 Mélangez le jaune d'or avec une pointe de terre de Sienne brûlée. Peignez l'ensemble du seau à l'aide de la brosse plate n° 15. Laissez sécher 12 h.

5 Mélangez un peu de vert, de terre de Sienne brûlée et de noir pour obtenir un brun foncé. Peignez le bec de la poule avec le pinceau n° 2. Nettoyez votre pinceau à l'essence de pétrole.

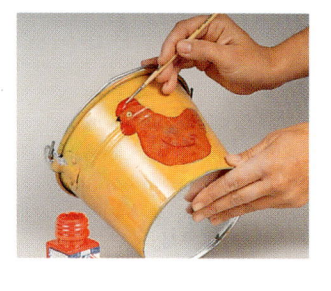

6 Éclaircissez le rouge grenat avec une pointe de jaune d'or. Avec le pinceau n° 2, peignez la crête, et le contour de l'aile de la poule. Pour l'œil, peignez un petit rond en jaune et posez une petite pointe de noir au centre. Laissez sécher 12 h. Nettoyez les pinceaux à l'essence de pétrole.

La boîte à couverts

FOURNITURES

- *Boîte à biscuits*
- *Peinture Déco brillante : Tahiti, vert tendre, vert forêt, géranium, soleil, blanc, acajou, noir, grenadine, bleu franc, fuchsia*
- *Brosses plates n° 8 et 6*
- *Pinceau petit-gris ou martre n° 2*
- *Crayon à papier*
- *Papier de verre pour métal*
- *Carbone pour métal*
- *Chiffon*
- *Alcool à 70°*

1 *Dégraissez la surface de la boîte avec un chiffon imprégné d'alcool.*

2 *Si la boîte est recouverte d'un motif, poncez-le légèrement à l'aide du papier de verre. Dépoussiérez ensuite la boîte avec un chiffon. Passez une couche de peinture blanche à l'aide de la brosse n° 8.*

3 *Avec la petite brosse plate n° 6, appliquez de la peinture Tahiti, légèrement teintée de blanc, sur l'ensemble de la boîte. Laissez une bande d'environ 1 cm de large au bas de la boîte. Lavez votre pinceau tout de suite.*

4 *Avec le même pinceau, peignez la bande laissée blanche avec de la peinture vert tendre légèrement teintée de blanc.*

5 *Si vous ne vous sentez pas la main assez sûre pour reproduire les motifs (voir p. 60) à main levée à l'aide d'un simple crayon à papier, reportez-les sur la boîte à l'aide du carbone pour métal.*

6 *Peignez tous les motifs avec le pinceau n° 2. Peignez le pantalon et le fond du panier avec de la peinture géranium. Nettoyez le pinceau à l'eau.*

AMBIANCE naïve

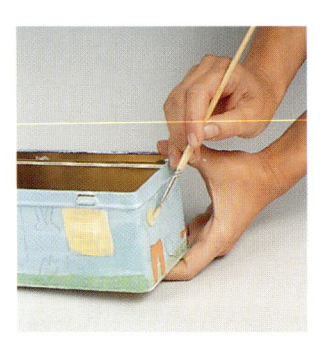

7 *Peignez le chapeau et un des draps avec le coloris soleil légèrement mélangé à du géranium et du blanc. Nettoyez le pinceau à l'eau.*

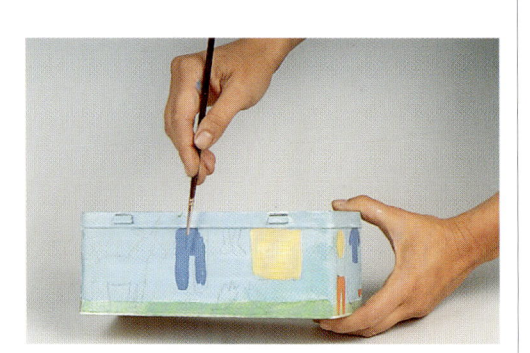

8 *Mélangez du bleu franc à une pointe de fuchsia et à du blanc. Peignez le second pantalon et la chemise. Nettoyez le pinceau à l'eau.*

9 *Mélangez de la couleur géranium, du vert forêt et de l'acajou. Peignez le panier, les chaussettes et une serviette. Nettoyez le pinceau.*

10 *Peignez en blanc les poules et le tee-shirt.*

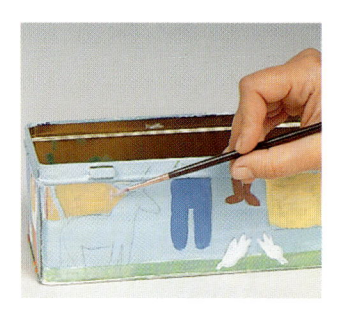

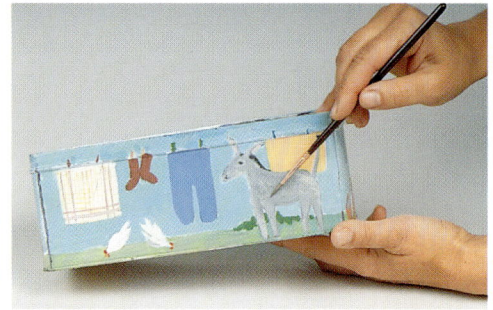

11 *Mélangez un peu de soleil et d'acajou à du blanc. Peignez les torchons. Nettoyez le pinceau.*

12 *Peignez l'âne avec un mélange de noir et de blanc. Lavez le pinceau. Finissez en peignant la crête des poules en grenadine.*

13 *Pour rendre la peinture plus résistante, passez la boîte au four pendant 30 mn à 150 °C.*

18

Le pot à lait

1 Dégraissez la surface du pot avec un chiffon imprégné d'alcool.

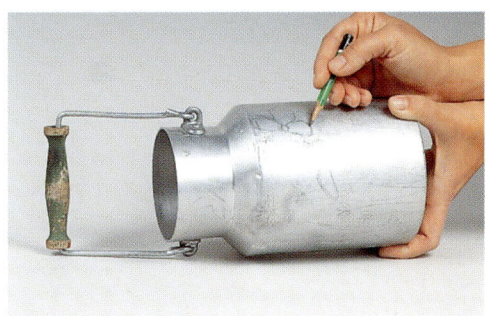

2 Dessinez les motifs de fleurs et d'herbes au crayon à papier et à main levée, ou bien reproduisez les motifs (voir p. 60) à l'aide du carbone pour métal.

Mon conseil

Peignez tous les motifs à l'aide du pinceau petit-gris n° 2. En utilisant la pointe et le corps du pinceau, vous réussirez à produire différentes épaisseurs de trait. Prenez soin de bien nettoyer votre pinceau à l'essence de pétrole entre chaque changement de couleur.

3 Peignez les tiges des fleurs et les herbes en alternant un vert clair et un mélange de bleu ciel et vert clair. Cette alternance de teintes ajoutera une touche de réalisme au joyeux désordre des herbes.

FOURNITURES

- Pot à lait chiné ou réédité
- Peinture Céramic : rouge grenat, vermillon, blanc, vert clair, bleu ciel, violet d'Égypte, jaune d'or, orange, noir
- Pinceau petit-gris n° 2
- Crayon à papier
- Carbone pour métal
- Essence de pétrole
- Chiffon
- Alcool à 70°

AMBIANCE naïve

4 Pour la fleur de coquelicot, dessinez 5 pétales ovales dont les pointes se rencontrent. Peignez les ovales avec la peinture vermillon mélangée à une pointe de rouge grenat.

Mon conseil

Pour donner la sensation de légèreté du pétale de coquelicot, altérez l'arrondi de 2 ou 3 pétales, en posant le pinceau à plat. Le pétale semblera porté par le vent.

---

5 Pour le cœur du coquelicot, peignez un cercle vert olive en mélangeant du vert clair avec de l'orange et du noir.

6 Autour du cœur, peignez une quinzaine de petites touches noires de la pointe du pinceau. Cela apportera une touche de réalité au coquelicot ainsi qu'une impression de relief.

7 Pour les petites fleurs mauves, peignez un cercle blanc pour le cœur de chaque fleur avec la pointe du pinceau.

8 Mélangez du bleu ciel avec une pointe de blanc et de violet d'Égypte pour obtenir un joli mauve. Autour du cercle blanc, peignez 4 tout petits cercles mauves.

9 Pour dessiner les feuilles de ces fleurs, peignez des ronds vert foncé obtenu en mélangeant du bleu ciel à du vert clair.

10 Pour les fleurs orange, peignez le cœur avec du vermillon mélangé à une touche de jaune d'or. Les pétales sont tous peints 2 par 2, et séparés par un intervalle, avec du jaune d'or légèrement teinté de vermillon. Aplatissez le pinceau pour laisser 2 petites traces qui se rejoignent pour former une petite flèche.

12 Peignez le cœur des pâquerettes en jaune d'or. Peignez, en blanc, une douzaine de pétales en laissant de courtes traces de pinceau.

11 Peignez les boutons d'or avec du jaune d'or en formant un éventail de 3 traces de pinceau.

13 Pour le papillon, peignez 3 pointes, dont 2 plus grandes, en bleu ciel éclairci de blanc et d'une pointe de vert clair. Réunissez ces pointes par un simple trait d'un bleu plus soutenu, obtenu en mélangeant du bleu ciel et très peu de violet d'Égypte.

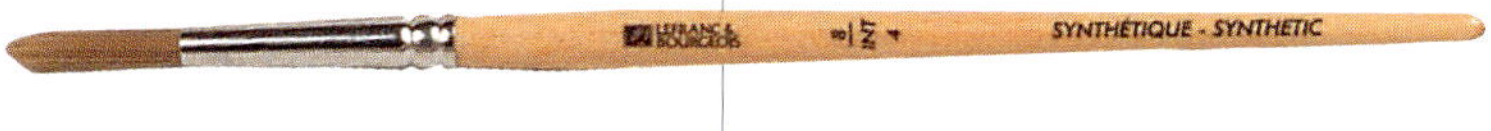

AMBIANCE naïve

montgolfière
folie
arts
vieux
fête
OCEAN
amour
futur
merveilleux
vibration
sagesse
flamme

Ambiance
CONTEMPORAINE

Une lumière lunaire semble envelopper chacun de ces objets d'un voile magique. Une ellipse dorée se dessine dans la plénitude d'une simple corbeille. Le tableau s'illumine de reflets mystérieux soulignant son bleu profond. Les mots deviennent échos. La boîte, vannerie sombre et sensuelle, crée l'architecture des souvenirs les plus chers. Le plumier se révèle véritable talisman d'antan et le range-CD objet initiatique. Textures et lignes épurées vous présentent le design contemporain et le métal dans tous ses états. Laissez-vous convaincre par cette simplicité harmonieuse. Apprenez à réaliser ces indispensables effets de peinture.

Le range-CD

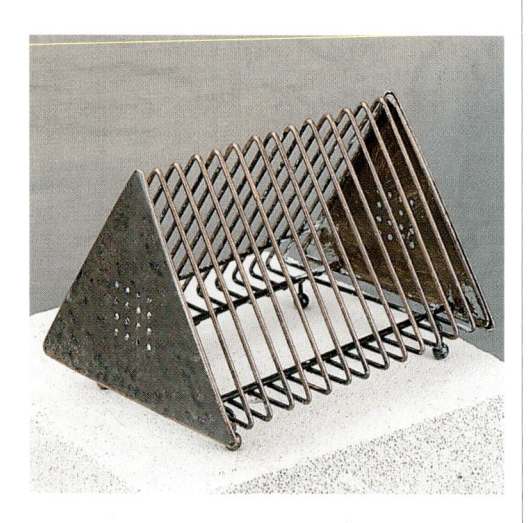

l'éponge. Appliquez la peinture en tapotant l'éponge végétale sur toute la surface.

3 Peignez ainsi chaque côté plein du range-CD.

FOURNITURES

- *Range-CD*
- *Peinture Déco brillante : noir, blanc, acajou, vert forêt*
- *Pot de cire cuivrée Treasure copper*
- *Éponge végétale*
- *Chiffon*
- *Alcool à 70°*

1 Dégraissez la surface du range-CD avec un chiffon imprégné d'alcool.

2 Préparez un gris coloré en mélangeant du noir, du blanc, de l'acajou et du vert forêt avec une prédominance de blanc. Prenez le mélange avec

4 Procédez de la même façon avec un mélange plus foncé dans lequel vous aurez augmenté les proportions de vert, d'acajou et de noir.

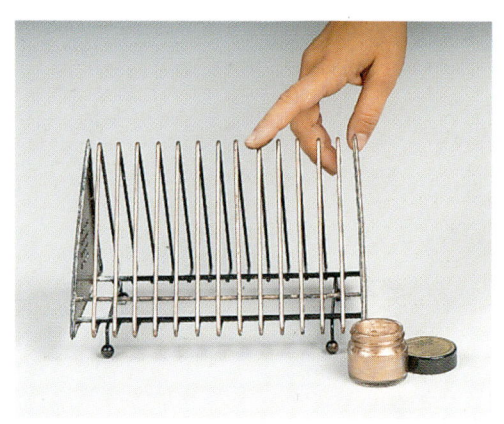

5 Du bout des doigts, appliquez de la cire cuivrée sur les pieds et sur les fils de fer en les recouvrant entièrement d'une couche opaque. Laissez sécher.

La corbeille à papier

3 *Passez cette couleur sur l'ensemble de la corbeille à l'aide de la brosse plate n° 30. Laissez sécher environ 30 mn. Nettoyez la brosse à l'eau.*

4 *Passez une couche de médium à craqueler sur l'ensemble de la corbeille à l'aide de la même brosse. Laissez sécher environ 1 h. Lavez la brosse.*

5 *Préparez un mélange de blanc, cassé d'une pointe de caramel. Recouvrez le médium avec cette couleur en utilisant la brosse n° 30. Passez la couleur de gauche à droite. L'effet de craquelure est immédiat. Laissez sécher.*

6 *Passez la cire dorée du bout des doigts sur le haut de la corbeille jusqu'à le recouvrir d'une couche opaque. Laissez sécher.*

7 *Pour une meilleure résistance de la peinture, vernissez la corbeille avec le vernis mat que vous passerez avec le spalter.*

FOURNITURES

- *Corbeille ou pot de fleuriste*
- *Peinture Déco brillante : noir, blanc, vert forêt, caramel*
- *Flacon de médium à craqueler*
- *Brosse plate n° 30*
- *Pot de cire dorée Treasure gold*
- *Flacon de vernis mat*
- *Spalter*
- *Chiffon*
- *Alcool à 70°*

1 *Dégraissez la surface de la corbeille avec un chiffon imprégné d'alcool.*

2 *Mélangez les couleurs caramel, noir, blanc et vert forêt pour obtenir un vert-de-gris très clair.*

AMBIANCE contemporaine

Le tableau d'affichage

FOURNITURES

- Tableau d'affichage
- Peinture Céramic : bleu d'Égypte, violet d'Égypte, blanc, noir, brun havane, incolore
- Brosse plate n° 15
- Sac plastique
- Feuille de carton ou de Rhodoïd
- Brosse à pochoir n° 4
- Pot de cire cuivrée Treasure copper
- Papier de verre pour métal n° 320
- Cale à poncer
- Essence de pétrole
- Chiffon
- Alcool à 70°
- Éponge
- Cutter

1 Dégraissez la surface du tableau avec un chiffon imprégné d'alcool.

2 Enveloppez la cale à poncer avec le papier de verre pour métal n° 320. Poncez le tableau d'affichage pour griffer la surface afin que les couches de peinture puissent bien accrocher.

3 Dépoussiérez la surface du tableau avec une éponge légèrement humide.

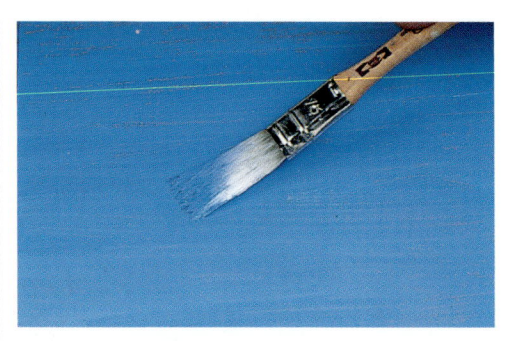

4 Couchez votre tableau à plat. Mélangez le bleu d'Égypte au blanc et ajoutez une pointe de violet. Passez la couleur à l'aide de la brosse plate n° 15. Laissez sécher 12 h.

5 Nettoyez soigneusement la brosse avec de l'essence de pétrole.

6 Quand la peinture est sèche, préparez un mélange de bleu d'Égypte, de violet d'Égypte et d'incolore dilué avec un peu d'essence de pétrole.

7 Appliquez une couche de ce mélange à l'aide de la brosse n° 15.

8 Quand vous avez recouvert toute la surface du tableau, prenez le sac plastique froissé. Appuyez-le sur tout le tableau pour dépouiller en partie la seconde couche de peinture, laisser apparaître la première et créer ainsi un joli effet de matière. Laissez sécher 12 h.

9 Pendant que la peinture sèche, préparez votre « pochoir-lettres ». Reportez les lettres (voir p. 61) sur le carton et évidez-les à l'aide d'un cutter.

10 Positionnez-les au centre du tableau pour écrire « océan ». Appliquez la peinture brun havane, à l'aide de la brosse à pochoir n° 4. Laissez sécher pendant 12h.

11 Appliquez la cire cuivrée, par petites touches sporadiques, sur l'ensemble de la surface du tableau ceci du bout des doigts, pour donner une impression de reflet nacré et une profondeur intense au bleu.

La boîte de rangement

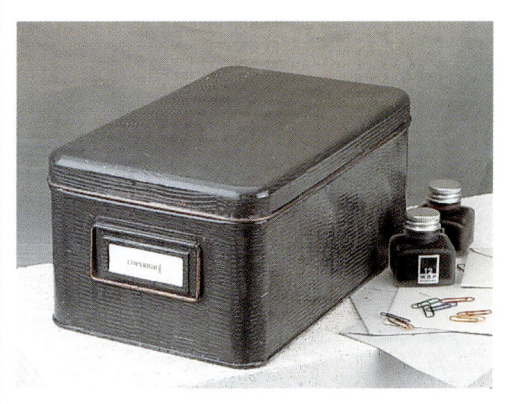

FOURNITURES

- Boîte
- Peinture Céramic : noir, blanc, vert pré, brun havane
- Brosse plate n° 15
- Pot de cire cuivrée Treasure copper
- Berceau à faux bois ou peigne en plastique à dents espacées
- Chiffon
- Essence de pétrole
- Alcool à 70°

1 Dégraissez la surface de la boîte avec un chiffon imprégné d'alcool. Mélangez le noir, le vert pré, le brun havane et le blanc pour obtenir un gris coloré clair. Passez cette couleur sur la boîte à l'aide de la brosse plate n° 15.

AMBIANCE contemporaine

2 *Laissez sécher 12 h. Nettoyez la brosse à l'essence de pétrole.*

3 *Foncez le mélange précédent en ajoutant du noir. Diluez-le légèrement avec de l'essence de pétrole. Passez cette couleur sur l'ensemble de la boîte.*

4 *Si vous utilisez un berceau à faux bois, tenez-le du côté peigne (tiges droites alignées pour obtenir des effets de lignes droites). Posez-le sur la boîte. Laissez-le glisser sur quelques centimètres en appuyant légèrement, enlevez-le.*

5 *Répétez ce geste sur toute la surface à peindre. Les pointes du peigne dépouillent la seconde couche et laissent apparaître la première ce qui donne un effet de texture proche d'un tressage. Laissez sécher 12 h.*

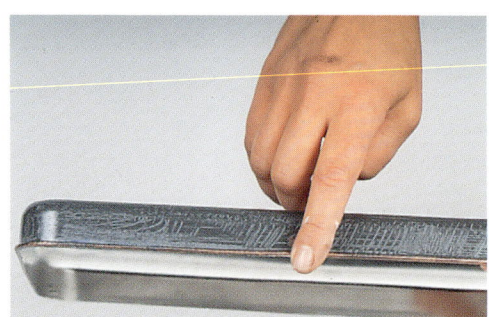

6 *Du bout des doigts, passez de la cire cuivrée sur les arêtes de la boîte et de son couvercle pour laisser une couche opaque. Laissez sécher.*

Le plumier

FOURNITURES

- Plumier
- Peinture Céramic à froid : bleu roi, vert clair
- Pot de cire cuivrée Treasure copper
- Brosse plate n° 6
- Papier de verre pour métal n° 320
- Cale à poncer
- Essence de pétrole
- Chiffon
- Alcool à 70°

1 Dégraissez la surface du plumier avec un chiffon imprégné d'alcool. S'il est déjà peint, comme ici, et que la peinture est en bon état, ne la décapez pas.

2 Peignez des bandes de peinture bleue en tirant la brosse sur toute la surface de telle façon que chaque bande ait des épaisseurs différentes.

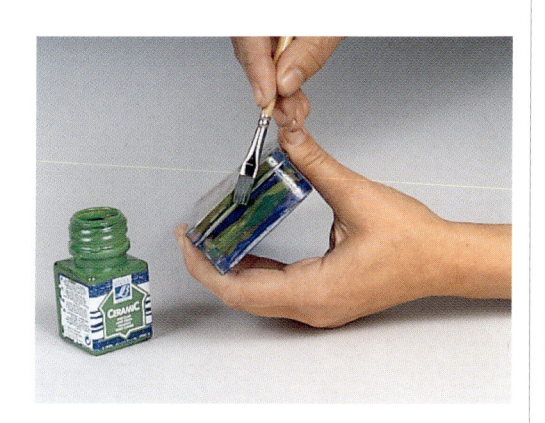

3 Procédez de même avec la peinture vert clair. Laissez sécher pendant 12 h.

4 Pensez à nettoyer les pinceux à l'essence de pétrole.

5 Lorsque la peinture est bien sèche, enveloppez la cale à poncer avec le papier de verre n° 320. Le papier doit être bien calé pour ne pas bouger lors du ponçage.

6 Poncez le plumier sur toute sa longueur, en appuyant plus ou moins, afin de faire apparaître le métal par endroits.

7 Du bout des doigts, étalez la cire cuivrée pour laisser des traces identiques à des marbrures.

8 Laissez sécher et nettoyez les pinceaux à l'essence de pétrole.

AMBIANCE *contemporaine*

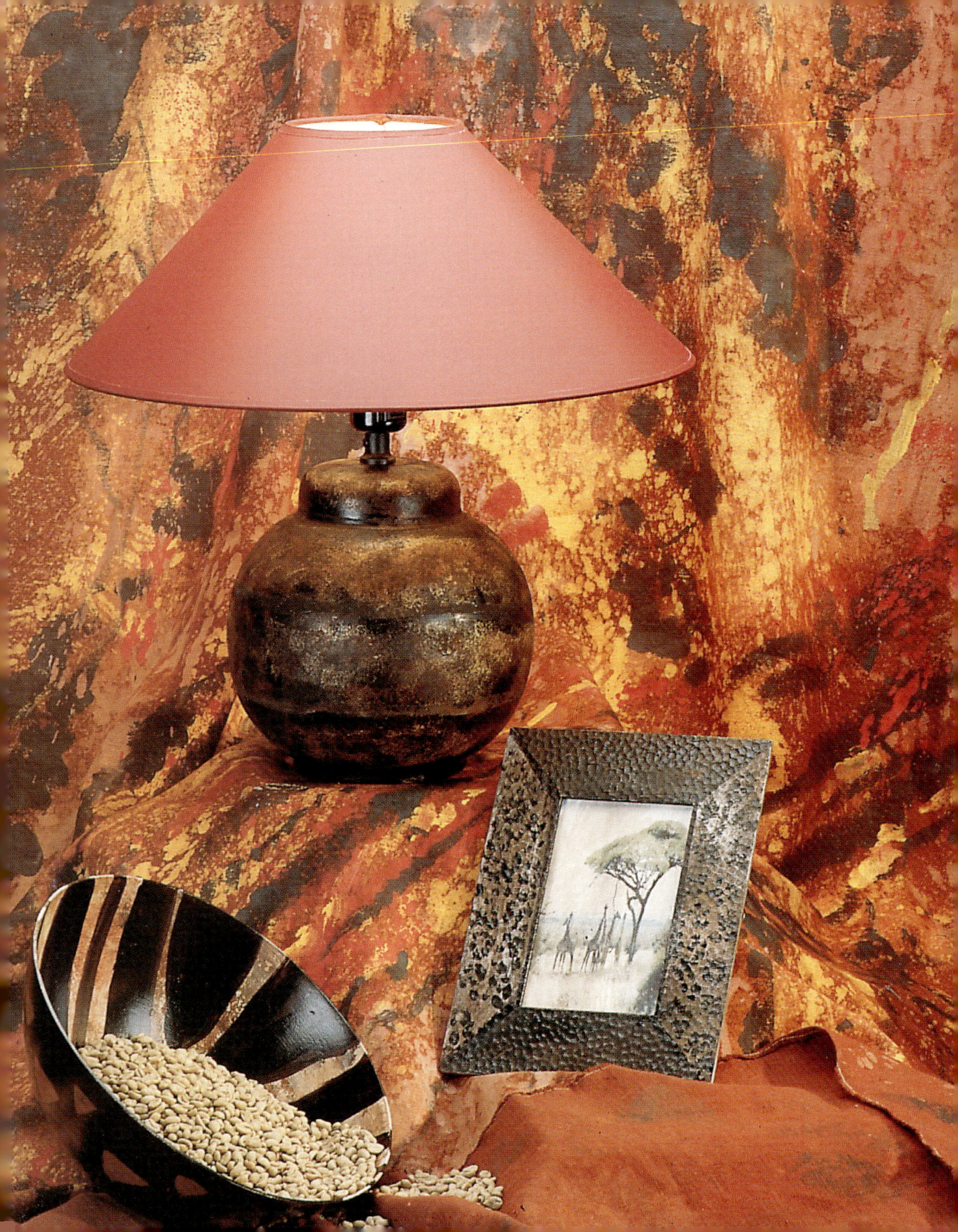

Ambiance
AFRICAINE

Motifs, couleurs, rythmes,
textures saluent les facettes multiples de l'art
africain, véritables trésors picturaux.
La décoration du salon sera l'occasion de
rencontrer de nouvelles cultures.
Le cadre rêve de grands espaces et s'improvise
animal sauvage. Des courbes aux
couleurs chaleureuses et toniques rythment
la silhouette du vase. La coupe de fruits
s'orne de motifs peints avec grande liberté.
La peinture du bougeoir au design épuré
s'inspire de symboles cosmogoniques.
La texture recherchée du pied de lampe copie
l'amulette. Côté couleurs, jouez
les contrastes ou bien les camaïeux naturels.
Et vous voilà partis !

Le vase

2 *Mélangez la peinture Céramic terre de Sienne brûlée et noire. À l'aide du pinceau, tracez les lignes brunes. Nettoyez soigneusement votre pinceau à l'essence de pétrole.*

3 *Mélangez le vermillon avec la couleur terre de Sienne brûlée. Passez cette couleur à l'aide de la brosse plate n° 6. Laissez une réserve entre 2 lignes brunes. Nettoyez la brosse.*

4 *Mélangez du rouge grenat et du noir pour obtenir un joli bordeaux. Passez cette couleur dans les espaces réservés à cet effet avec la même brosse. Laissez sécher 12 h. Nettoyez soigneusement les pinceaux à l'essence de pétrole.*

FOURNITURES

- *Vase*
- *Peinture Céramic : noir, rouge grenat, vermillon, terre de Sienne brûlée*
- *Pinceau petit-gris n° 6*
- *Brosse plate n° 6*
- *Chiffon*
- *Essence de pétrole*
- *Alcool à 70°*

1 *Dégraissez la surface du vase avec un chiffon imprégné d'alcool.*

Le bougeoir

FOURNITURES

- Bougeoir
- Peinture Céramic : noir, terre de Sienne brûlée, ocre jaune, orange
- Brosse plate n° 8
- Brosse ronde n° 6
- Essence de pétrole
- Alcool à 70°
- Chiffon

1 Dégraissez le bougeoir avec un chiffon imprégné d'alcool. S'il est déjà peint, comme ici, ne le décapez pas, cela apportera de la matière supplémentaire à la couleur.

2 Peignez l'ensemble du bougeoir avec la peinture terre de Sienne brûlée à l'aide de la brosse plate n° 8. Laissez sécher 12 h. Nettoyez votre pinceau à l'essence de pétrole.

3 Avec la brosse plate n° 8, appliquez la peinture orange par petites touches de pinceau en aplatissant sa tête sur la tige centrale et les arêtes extérieures des formes du bougeoir. Laissez un espace entre les touches de peinture. Nettoyez votre pinceau.

AMBIANCE africaine

4 Procédez de même avec la couleur ocre jaune. Remplissez les espaces vides, pour créer un alignement de touches de couleurs variées donnant un rythme visuel dynamique.

5 Avec la brosse ronde n° 6 enduite de peinture noire, tracez un arc de cercle rappelant un croissant de lune au centre du bougeoir. Tracez 2 ronds de la même couleur pour les yeux. Laissez sécher 12 h. Nettoyez les pinceaux à l'essence de pétrole.

La coupe

F O U R N I T U R E S

- Coupe
- Peinture Déco brillante : noir, acajou, blanc, caramel, vert forêt
- Éponge de ménage
- Brosse ronde n° 6
- Brosses plates n° 20 et n° 6
- Chiffon
- Alcool à 70°

1 Dégraissez la surface de la coupe avec un chiffon imprégné d'alcool.

2 Préparez un mélange d'acajou, de blanc et de noir. Appliquez cette couleur à l'aide d'une éponge de ménage à l'intérieur de la coupe. Tamponnez avec l'éponge sur toute la surface à recouvrir.

3 Procédez de la même façon avec un mélange de couleurs caramel et blanche. Les couleurs se chevauchent, ou encore se juxtaposent. Laissez sécher environ 30 mn.

4 Mélangez du noir, de l'acajou et du vert pour obtenir un brun foncé. Avec la brosse ronde n° 6, dessinez 4 demi-cercles qui se rejoignent au fond de la coupe. Peignez le fond de la coupe en brun, en laissant vide l'intérieur des demi-cercles.

5 Remplissez les espaces laissés libres par des demi-cercles ou des formes ovales brunes. Laissez sécher 30 mn.

6 Avec la même teinte brune, peignez l'extérieur de la coupe à l'aide de la brosse plate n° 20. Laissez sécher environ 30 mn.

7 Quand la peinture est sèche, à l'aide de la brosse plate n° 6, peignez 3 rangs de triangles de couleur acajou espacés de 5 cm environ. Positionnez les triangles en quinconce.

8 Dessinez de plus grands triangles sur la ligne centrale. Laissez sécher 30 mn.

9 Pour une plus grande résistance de la peinture, passez la coupe dans un four ménager à 150 °C pendant 30 mn.

AMBIANCE *africaine*

Le cadre

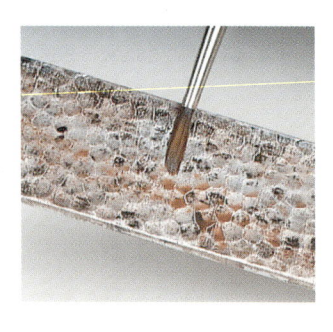

3 À l'aide de la brosse ronde, étalez ce mélange sur les côtés latéraux du cadre pour teinter le support tout en laissant transparaître le métal.
Nettoyez le pinceau à l'essence de pétrole.

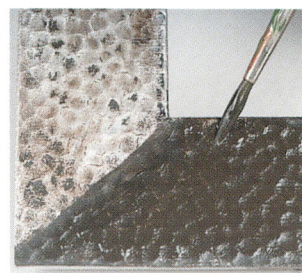

4 Peignez les 2 autres côtés avec un mélange de noir et de brun appliqué à la brosse ronde. Dessinez une diagonale dans l'angle du cadre. Laissez sécher. Nettoyez le pinceau.

5 Mélangez du noir et du brun havane. Avec la pointe du pinceau petit-gris n° 6 dessinez 3 ou 4 taches rondes. Répétez ce motif sur toute la surface. Inspirez-vous des robes des animaux de la savane. L'ensemble doit créer un effet moucheté.

6 Avec le petit-gris n° 6, peignez les diagonales noires dans les angles et les chants du cadre. Laissez sécher 12 h.

FOURNITURES

- Cadre en métal martelé
- Peinture Céramic : noir, brun havane, vert pré, incolore
- Brosse ronde n° 6
- Pinceau petit-gris ou martre n° 6
- Essence de pétrole
- Alcool à 70°
- Chiffon

1 Dégraissez la surface du cadre avec un chiffon imprégné d'alcool.

2 Préparez un mélange de brun havane, vert pré, noir et incolore dilué avec de l'essence de pétrole.

Le pied de lampe

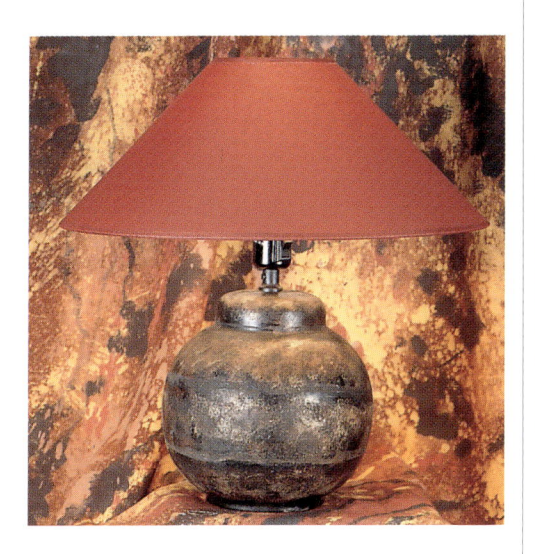

FOURNITURES

- Pied de lampe « boule »
- Oxydants Modern option : base dorée, base fer
- Brosse ronde n° 6
- Solution d'oxydation pour fer Modern options
- Éponge de ménage
- Chiffon
- Alcool à 70°

1 Dégraissez le pied de lampe avec un chiffon imprégné d'alcool.

2 Avec la brosse ronde n° 6, peignez 3 traits de base fer à différentes hauteurs du pied. Posez le pinceau sur le pied et faites tourner le pied sur lui-même sans faire bouger le pinceau. Reprenez de la base fer avec le pinceau si besoin, car la couche doit être assez épaisse.

3 Découpez 3 carrés dans l'éponge.

4 Utilisez un carré pour appliquer de la base fer, par petites touches, sur l'ensemble du pied.

5 À l'aide du deuxième carré, appliquez de la base or de la même manière. Laissez sécher 1 h et répétez les étapes 4 et 5. Quand vous avez recouvert tout le pied de lampe, laissez sécher 12 h.

6 Appliquez localement la solution d'oxydation avec le dernier carré d'éponge. Laissez sécher au moins 2 h, la réaction chimique s'opère et de la vraie rouille apparaît là où vous avez appliqué la solution. Renouvelez l'opération selon l'effet désiré.

AMBIANCE africaine

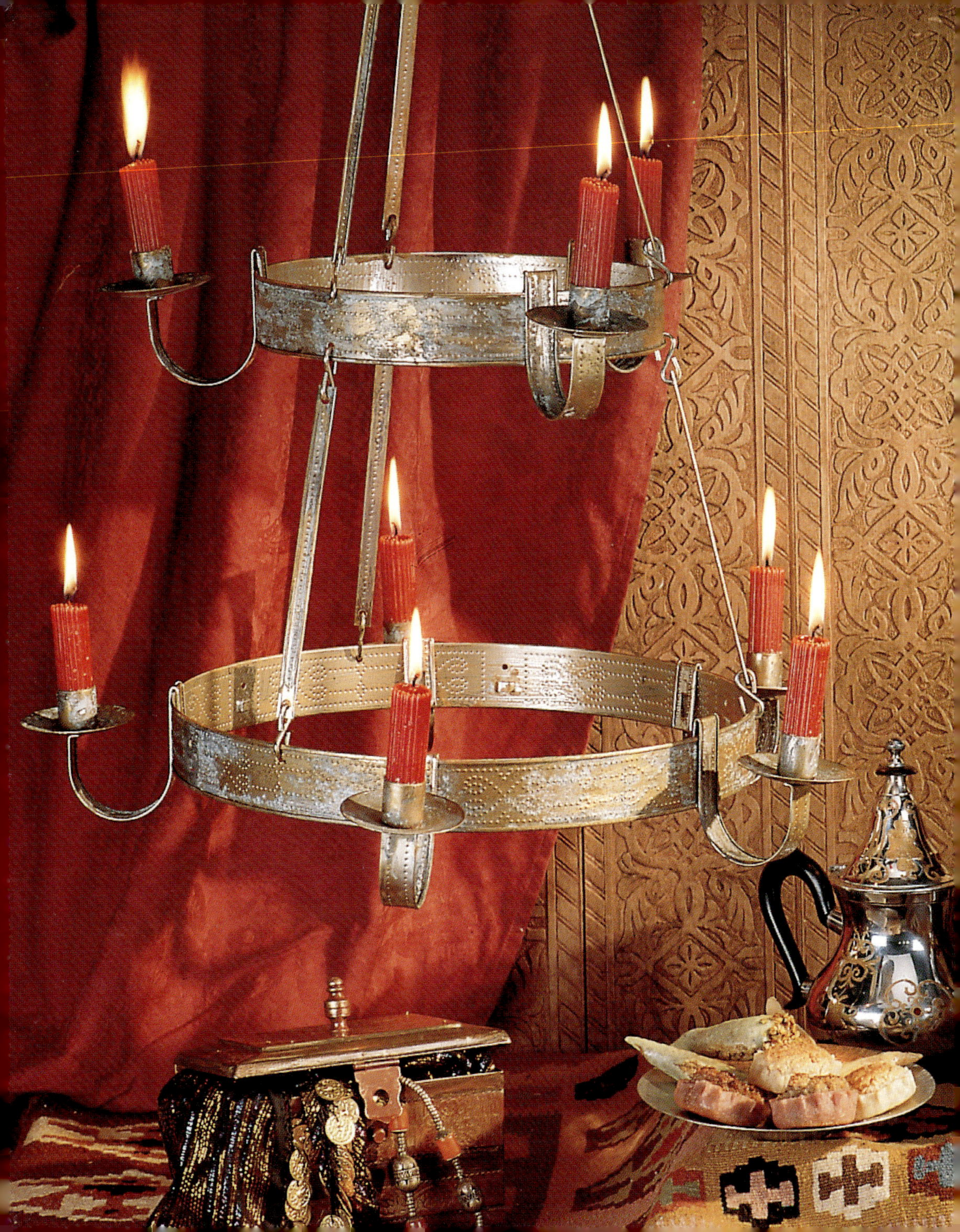

Ambiance
ORIENTALE

Le métal prédomine dans les intérieurs orientaux. Ce matériau, souple et dur à la fois, illustre parfaitement les spéculations abstraites les plus complexes. Les objets en étain, cuivre, fer, or ou bien en argent rivalisent de beauté. Moulé, martelé, ciselé, forgé, chacun de ces métaux se prête à toutes les formes. Explorez des motifs inspirés du fer forgé, de la géométrie ou bien de la calligraphie au henné. Des ustensiles inattendus, faciles d'emploi, vous aideront à expérimenter cette peinture. Cet art de vivre, toujours moderne, est une invitation au raffinement. Appréciez alors thé à la menthe et gâteaux orientaux !

La théière

FOURNITURES

- Théière
- Peinture Céramic dorée
- Peinture vitrail bordeaux
- Pinceau petit-gris n° 2
- Petite pique en bois
- Crayon blanc pour métal
- Chiffon
- Alcool à 70°
- Essence de pétrole

1 Nettoyez la théière avec un chiffon imprégné d'alcool à 70°. Laissez sécher.

2 Avec le crayon blanc pour métal, reproduisez les motifs inspirés du fer forgé (voir p. 58). Avec la pointe de la pique en bois repassez ensuite tous les traits à la peinture dorée en la tirant bien. Cela donne un effet de relief un peu épais.

3 Pour le couvercle, divisez la surface en 4 parties. Dessinez les paires de crosses au centre de chaque côté. Entre les crosses, dessinez les contours plus petit du motif : un « 8 » surplombé de 2 petits cœurs.

4 Sur chaque côté du bec verseur, dessinez 3 bandes de motifs. Dessinez une série de « x » sur la bande médiane. Sur les bandes latérales, dessinez une série de « s » allongés.

5 Divisez le corps de la théière en 3 parties. Sur les parties latérales, dessinez des motifs de fleurs stylisées. Dessinez un cercle. À l'extérieur de ce cercle 4 rayons jaillissent, formant une croix. À l'extrémité de ces rayons, dessinez 2 demi-boucles. Faites se rejoindre les rayons par 4 arcs se terminant par des boucles.

6 Au centre, dans la partie basse, dessinez une croix. Dans chaque angle, dessinez un petit cercle. Prolongez chaque trait de la croix par des demi-cercles.

7 Dans la partie haute, tracez un trait horizontal. De ce trait partent 2 arcs de cercle formant un grand « x ». Du trait horizontal, faites 4 demi-cercles.

8 Dorez l'intérieur des « 8 » du couvercle et les 4 petits cercles de la partie basse de la théière.

9 Laissez sécher pendant 12 h afin que les motifs ne risquent pas d'être effacés. Votre théière a dès à présent un petit air oriental qu'il ne vous reste plus qu'à peaufiner d'une note de couleur.

10 Avec la pointe du pinceau petit-gris n° 2, ou bien avec la pique de bois, disséminez des touches de bordeaux sur toute la théière et dans le cœur des fleurs. Laissez sécher pendant 12 h. Nettoyez le pinceau à l'essence de pétrole.

Le plateau

FOURNITURES

- Plateau
- Crayon blanc pour métal
- Peinture Céramic : or, argent, brun havane
- Pot de cire cuivrée Treasure copper
- Brosse plate n° 6
- Pot de cire argentée Silver copper
- Tubes de Cern'couleurs vitrail : noir et or
- Compas
- Chiffon
- Essence de pétrole
- Alcool à 70°

1 Dégraissez le plateau avec un chiffon imprégné d'alcool.

2 Déterminez le centre du plateau avec le compas. Avec le crayon pour métal, tracez une petite étoile à 6 branches à l'intérieur d'une plus grande.

3 Divisez chaque étoile en 12 sous-parties. Reliez ensuite les branches de la grande étoile 2 par 2.

4 Complétez le motif en traçant des losanges (voir p. 58).

AMBIANCE orientale

5 Avec la peinture brun havane, peignez 6 demi-branches de la petite étoile avec la brosse plate n° 6.

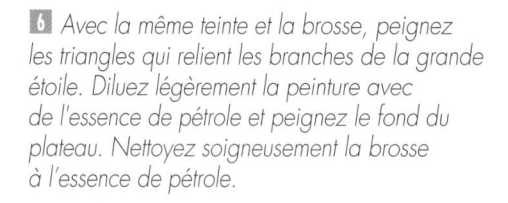

6 Avec la même teinte et la brosse, peignez les triangles qui relient les branches de la grande étoile. Diluez légèrement la peinture avec de l'essence de pétrole et peignez le fond du plateau. Nettoyez soigneusement la brosse à l'essence de pétrole.

7 Avec la peinture dorée et la brosse, peignez 6 demi-branches de la grande étoile et la moitié de chaque losange. Nettoyez la brosse.

8 Avec la peinture argent, peignez les parties restantes. Nettoyez la brosse.

9 Avec le Cern'couleurs noir, repassez les contours de chaque figure. Pressez légèrement sur le tube pour ne pas déborder. Vous pouvez enlever les taches avec de l'essence de pétrole.

Le flacon d'eau de fleur de rose

10 Avec le Cern'couleurs or, entourez le précédent trait noir. Laissez sécher 12 h.

11 Prenez de la cire argentée du bout des doigts et recouvrez l'extérieur du plateau.

12 Avec la cire cuivrée, de la même manière, recouvrez les parties peintes en brun havane.

_____ *Mon conseil* _____

L'utilisation du cern'couleurs vitrail est judicieuse pour donner un effet de marqueterie.

FOURNITURES

- Flacon
- Peinture Céramic dorée
- Peinture vitrail bordeaux
- Brosse plate n° 6
- Pinceau petit-gris n° 2
- Pique en bois
- Alcool à 70°
- Essence de pétrole
- Chiffon

1 Dégraissez le flacon en l'essuyant avec un chiffon imprégné d'alcool.

AMBIANCE orientale

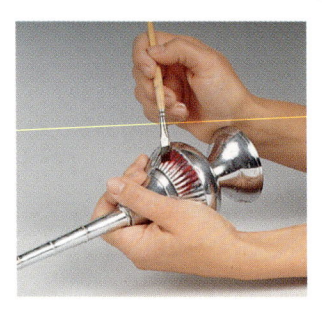

2 *Avec la brosse plate n° 6, peignez une bande bordeaux au centre du flacon. À la base du flacon et avec le pinceau n° 2, peignez une ligne de petits losanges pleins et espacés de 1 cm. Laissez sécher 12 h. Nettoyez les pinceaux.*

3 *Quand la peinture est sèche, avec la pique en bois et la peinture dorée, dessinez les contours des losanges et les motifs en forme de « x » (voir p. 59) pour créer un relief un peu épais.*

4 *De la même façon, dessinez le motif de la fleur et les petits points (voir p. 58). Puis avec le pinceau n° 2 et le bordeaux, peignez le cœur de la fleur. Nettoyez les pinceaux à l'essence de pétrole.*

Le coffre

FOURNITURES

- *Coffre en métal gravé*
- *Peinture Céramic : brun havane, rouge grenat*
- *Brosse plate n° 6*
- *Pot de cire dorée Treasure Gold*
- *Alcool à 70°*
- *Essence de pétrole*
- *Chiffon*

1 *Dégraissez le coffre avec de l'alcool à 70°.*

2 *À l'aide de la brosse plate n° 6, passez la peinture brun havane. Peignez des bandes en tirant longuement sur le pinceau. Laissez des bandes libres pour l'autre couleur.*

3 Nettoyez soigneusement la brosse à l'essence de pétrole.

4 Mélangez le rouge grenat à une pointe de brun havane pour obtenir un brun acajou.

5 Avec la brosse, passez la couleur acajou dans les espaces libres. Laissez sécher 12 h.

6 Quand la peinture est sèche, appliquez la cire dorée du bout des doigts pour donner un effet de patine et faire ressortir les motifs gravés. Laissez sécher.

Le lustre

FOURNITURES

- Lustre à bougies
- Modern options base dorée et patine bleue
- Éponge de ménage
- Alcool à 70°
- Chiffon

1 Nettoyez le lustre avec de l'alcool à 70°. Découpez l'éponge en 2. Appliquez la base dorée sur tous les morceaux du lustre en tapotant avec un carré d'éponge. Laissez sécher 1 h. Appliquez à nouveau la base dorée.

2 Quand la deuxième couche est encore humide et avec l'autre morceau d'éponge, appliquez la solution de patine. La réaction chimique s'opère rapidement et laisse apparaître localement des effets bleutés. Laissez sécher au moins 2 h et renouvelez l'opération selon l'effet désiré.

AMBIANCE orientale

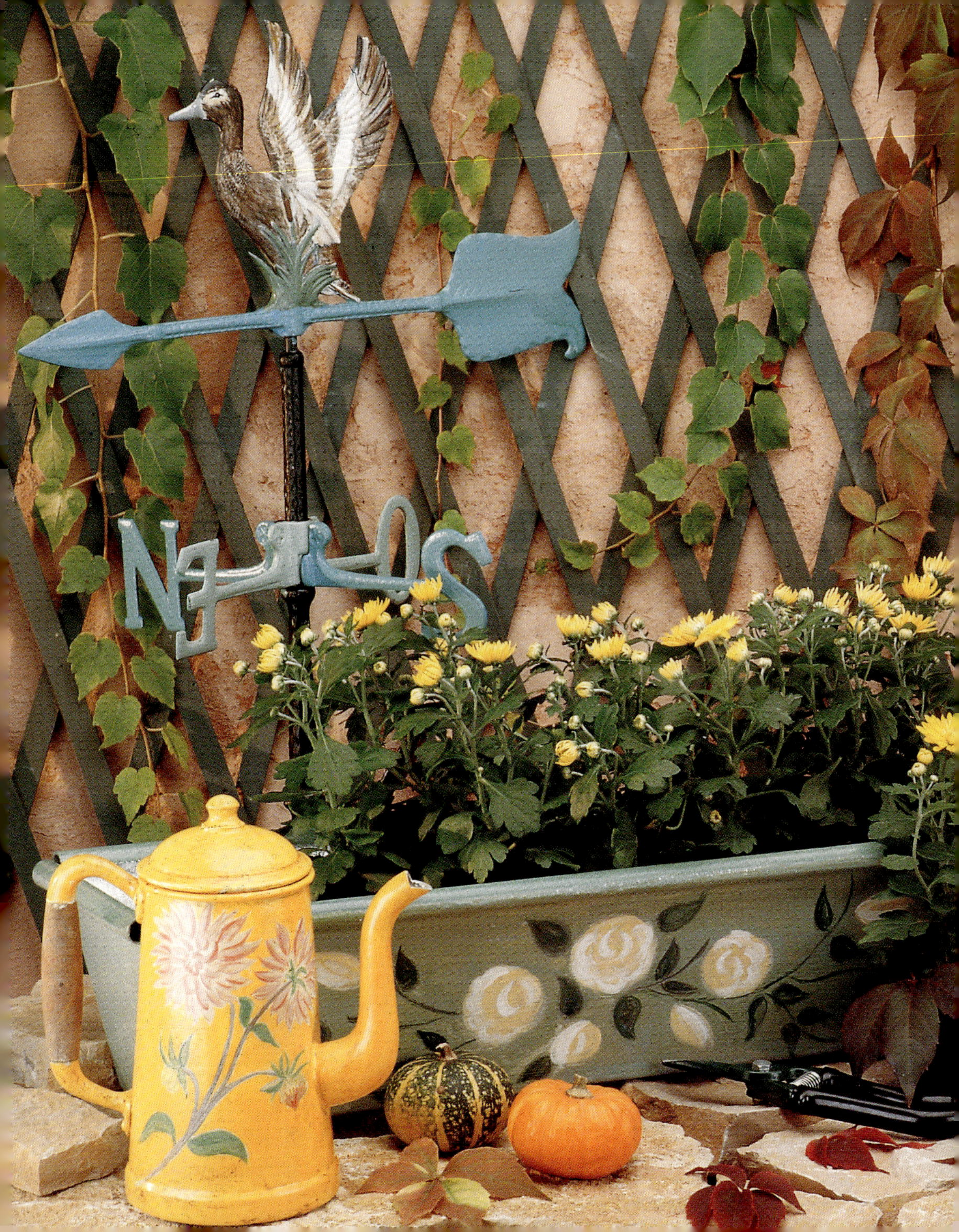

Ambiance
JARDIN SECRET

Inspirée de l'ostentation d'un jardin à la française, du romantique désordre d'un jardin anglais, des vertus thérapeutiques d'un jardin de curé ou bien des couleurs de la palette d'un impressionniste, cette ambiance fleurie reflète votre personnalité. Pour que votre jardin secret s'épanouisse, essayez des effets picturaux sophistiqués : dégradés de couleurs, effets d'ombre, dorure. Toutes ces techniques seront un moyen d'élargir votre palette graphique et picturale. Les poires à la facture appétissante, les nuances des feuilles d'automne, les guirlandes de roses n'auront plus de secret pour vous.

L'arrosoir

FOURNITURES

- Arrosoir
- Peinture Déco brillante : saphir, soleil, noir, caramel, vert, vert forêt, gris clair, corail
- Pinceau petit-gris ou martre n° 6
- Brosse plate n° 15
- Brosse à pochoir n° 4
- Feuille de carton ou de Rhodoïd
- Ruban adhésif de peintre
- Alcool à 70°
- Chiffon
- Cutter

1 Dégraissez l'arrosoir avec un chiffon imprégné d'alcool.

2 Recouvrez l'arrosoir avec un mélange de peinture saphir, noire, et grise, à l'aide de la brosse plate n° 5. Laissez sécher 30 mn.

3 Préparez le pochoir en reproduisant le modèle de la poire sur le carton (voir p. 56). Évidez les parties à peindre à l'aide du cutter. Fixez-le avec de l'adhésif ou bien maintenez-le avec une main.

4 À l'aide de la brosse à pochoir n° 4, appliquez la peinture soleil sur le motif des fruits. Lavez votre brosse en prenant soin de bien l'essuyer.

5 Mélangez du vert forêt et du vert. Apliquez cette couleur, avec la brosse à pochoir, sur les feuilles et ponctuellement sur la poire. Lavez la brosse, appliquez un mélange de noir et de vert sur le motif de la branche.

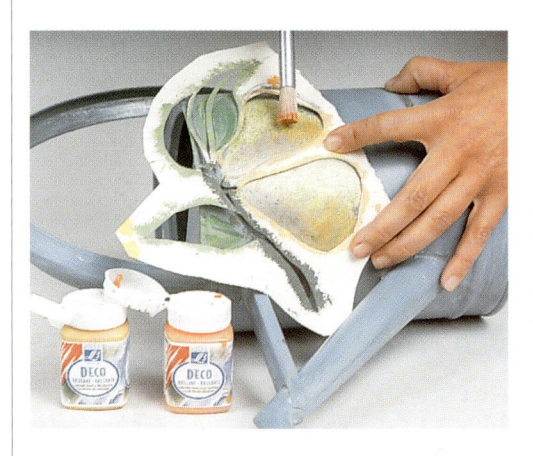

6 Appliquez un mélange de vert, de caramel et de corail sur le motif de la poire pour donner un effet d'ombre.

7 *Peignez autant de poires que vous le souhaitez en reprenant les étapes 4 à 6.*

8 *À l'aide du pinceau petit-gris n° 6 et du noir, dessinez les aspérités de la branche. Lavez le pinceau.*

9 *Peignez les nervures des feuilles avec un vert plus soutenu. Laissez sécher 30 mn.*

10 *Pour une plus grande résistance de la peinture, passez l'objet au four pendant 30 mn à 150 °C.*

La cafetière aux dahlias

FOURNITURES

- *Cafetière de style rustique chinée ou rééditée*
- *Peinture Déco brillante : corail, fuchsia, blanc, violet, noir, vert, soleil, bleu franc, noisette*
- *Pinceau petit-gris n° 6*
- *Brosse plate n° 6*
- *Crayon à papier*
- *Carbone pour métal*
- *Alcool à 70°*
- *Chiffon*

1 *Dégraissez la surface de la cafetière avec un chiffon imprégné d'alcool. Si elle est déjà recouverte d'une couche de peinture en bon état, ne la décapez pas.*

2 *Reproduisez le motif de la fleur (voir p. 61) à main levée avec le crayon à papier ou bien à l'aide du carbone pour métal.*

AMBIANCE jardin secret

3 Préparez un mélange de corail et de blanc pour obtenir du rose. Avec cette teinte, peignez les pétales : avec le pinceau n° 6, appliquez une goutte de peinture à l'emplacement du pétale et tirez-la pour l'allonger jusqu'à finir la forme en pointe. Peignez les pétales en cercles, comme pour figurer les rayons du soleil.

4 Procédez de la même manière pour réaliser une autre rangée de pétales légèrement décalée et qui se juxtapose sur la première. Pour le centre, peignez des arcs de cercles qui s'imbriquent les uns dans les autres. Foncez le mélange rose en ajoutant du fuchsia. Repassez quelques pétales pour donner un effet d'ombre. Lavez le pinceau.

6 Mettez en couleur les boutons et les feuilles en commençant avec le vert teinté de soleil. Pour la fleur en bouton, faites un dégradé allant du soleil au vert.

7 Lavez soigneusement le pinceau.

5 Mélangez du violet, du blanc et une pointe de noir. Peignez la tige avec cette couleur à l'aide du pinceau n° 6. Lavez le pinceau.

8 Peignez par touches de petits traits fins pour reproduire les pétales. Faites un dégradé vers le foncé avec du bleu franc pour les nervures.

[9] Mélangez très peu de noisette à du soleil et peignez le fond du décor avec cette couleur à l'aide de la brosse plate n° 6. Laissez sécher pendant 30 mn.

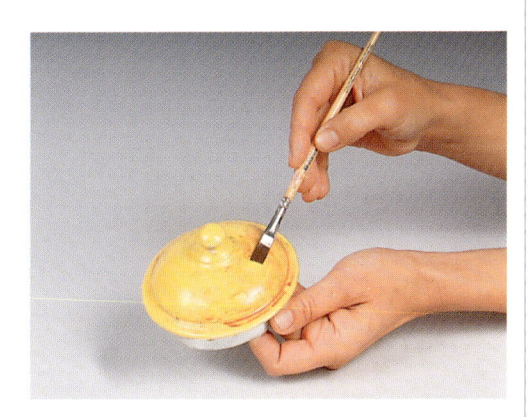

[10] Diluez de la peinture noisette dans de l'eau pour obtenir un jus teinté. À l'aide de la brosse plate, patinez la cafetière par endroits pour lui donner un aspect ancien. Enlevez ponctuellement de la peinture noisette en tamponnant avec un bout de chiffon. Laissez sécher 30 mn.

[11] Pour plus de résistance de la peinture, passez au four ménager 30 mn à 150 °C.

La Jardinière

FOURNITURES

- Jardinière
- Peinture d'apprêt spécial métal
- Peinture Céramic : vert, blanc, bleu ciel, ocre jaune, vert pré
- Crayon à papier
- Carbone pour métal
- Brosse plate n° 30
- Pinceau petit-gris ou martre n° 6
- Papier de verre pour métal n° 320
- Cale à poncer
- Essence de pétrole
- Alcool à 70°
- Chiffon

[1] Dégraissez la jardinière avec un chiffon imprégné d'alcool.

[2] Peignez la jardinière avec la couche d'apprêt pour métal avec la brosse plate n° 30.

[3] Laissez sécher 12 h. Lavez votre brosse.

AMBIANCE jardin secret

4️⃣ Avec la même brosse, passez une couche d'un mélange de vert clair, bleu ciel et blanc. Laissez sécher pendant 12 h.

5️⃣ Reproduisez le motif des fleurs (voir p. 56) au crayon à papier ou, si vous ne vous sentez pas la main sûre, aidez-vous du carbone pour métal.

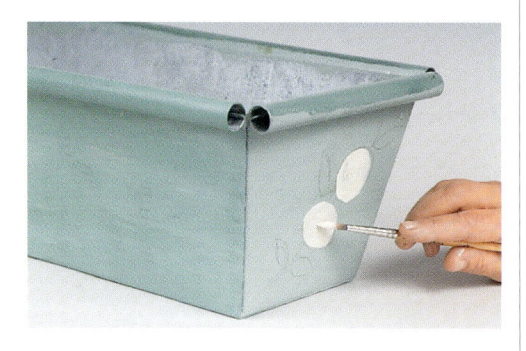

6️⃣ Mélangez la peinture ocre jaune avec le blanc. Avec le pinceau petit-gris n° 6 peignez les cercles et les ovales du dessin. Nettoyez votre pinceau à l'essence de pétrole.

7️⃣ Avec le même pinceau, peignez les feuilles et les tiges en vert pré. Nettoyez votre pinceau.

8️⃣ Avec du blanc très légèrement teinté d'ocre peignez les pétales des roses. Pour figurer les fleurs ouvertes, peignez une guirlande d'arcs à l'extérieur, sur le côté ou au centre du cercle ocre. Pour le cœur et les boutons peignez des demi-cercles en quinconce. Laissez sécher 24 h.

9️⃣ Quand la peinture est parfaitement sèche, poncez légèrement la jardinière avec la cale à poncer entourée du papier de verre afin de lui donner un aspect usé.

🔟 Nettoyez soigneusement les pinceaux à l'essence de pétrole.

La coupe de fruits

FOURNITURES

- Cache-pot (avec éventuellement des formes de feuilles en relief)
- Peinture Déco brillante : noir, vert forêt, acajou, blanc, caramel
- Brosse ronde n° 6
- Brosse plate n° 20
- Pot de cire dorée Treasure gold
- Carbone pour métal (facultatif)
- Alcool à 70°
- Chiffon

1 Dégraissez la coupe avec un chiffon imprégné d'alcool.

2 Préparez un mélange de noir, d'acajou et de vert forêt. À l'aide de la brosse plate n° 20, peignez le cache-pot avec cette teinte. Laissez sécher 30 mn.

3 Si votre cache-pot n'a pas de formes en relief, reportez le décor (voir p. 59) à l'aide du carbone pour métal.

4 Mélangez de l'acajou avec un peu de noir. Avec la brosse ronde n° 6, peignez les tiges et les extrémités des feuilles.

5 Lavez la brosse à l'eau.

6 Mélangez du vert et du caramel pour obtenir un vert olive. Avec la brosse n° 6, repassez sur la tige et peignez la partie inférieure des feuilles. Lavez votre pinceau.

AMBIANCE jardin secret

7 Mélangez de l'acajou à du blanc et peignez le haut des feuilles en utilisant le même pinceau. Lavez votre pinceau.

8 Mélangez du caramel et du blanc. Avec le pinceau n° 6, peignez de petites touches éparses autour des feuilles. Laissez sécher pendant 1 h.

9 Pour plus de résistance de la peinture, passez le cache-pot au four 30 mn à 150 °C.

10 Du bout des doigts, passez une couche opaque de cire dorée sur les anneaux et les arêtes du cache-pot.

La girouette

FOURNITURES

- *Girouette*
- *Peinture d'apprêt spécial métal*
- *Peinture Céramic : noir, blanc, brun havane, ocre jaune, bleu, vert pré*
- *Brosse plate n° 8*
- *Pinceau petit-gris n° 6*
- *Essence de pétrole*
- *Alcool à 70°*
- *Chiffon*

1 Dégraissez la surface de la girouette avec un chiffon imprégné d'alcool.

2 Si la girouette n'est pas déjà traitée à la peinture antirouille, peignez-la à l'aide de la brosse plate n° 8 et de la peinture d'apprêt. Laissez sécher 12 h. Nettoyez votre pinceau à l'essence de pétrole.

3 Avec la brosse n° 8, peignez les lettres de la girouette : 2 en vert et 2 en bleu. Nettoyez votre pinceau à l'essence de pétrole après chaque couleur.

4 Peignez la flèche de la girouette en bleu en utilisant la même brosse. Nettoyez la brosse. Laissez sécher 12 h.

5 À l'aide du pinceau petit-gris n° 6, peignez l'ensemble du canard d'un blanc légèrement cassé d'ocre. Nettoyez votre pinceau.

6 Peignez le bec du canard avec un mélange de noir et de blanc, à l'aide du même pinceau.

7 Mélangez du brun havane et du noir pour obtenir un brun foncé. Peignez la tête du canard par petites touches, à l'aide du pinceau n° 6.

8 Avec le même pinceau, continuez à peindre le corps en passant successivement des mélanges de couleurs plus ou moins bruns de façon à figurer des plumes. Pour plus de réalisme peignez quelques plumes en brun foncé et en ocre jaune en utilisant la pointe du pinceau. Nettoyez le pinceau.

9 Peignez l'herbe qui est au pied du canard en vert, avec le pinceau n° 6. Laissez sécher 12 h. Nettoyez vos pinceaux à l'essence de pétrole.

AMBIANCE jardin secret

PATRONS

57

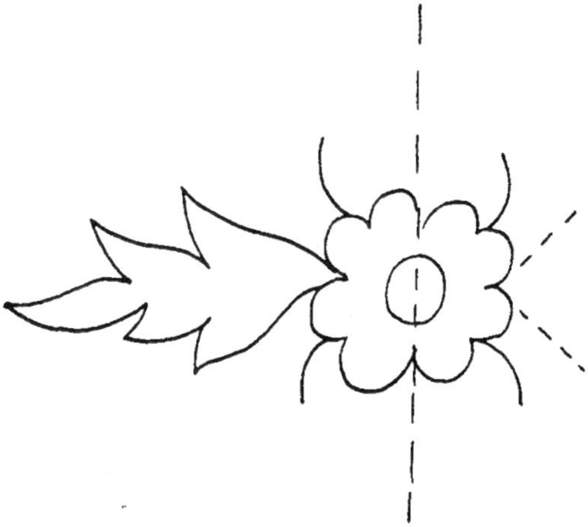

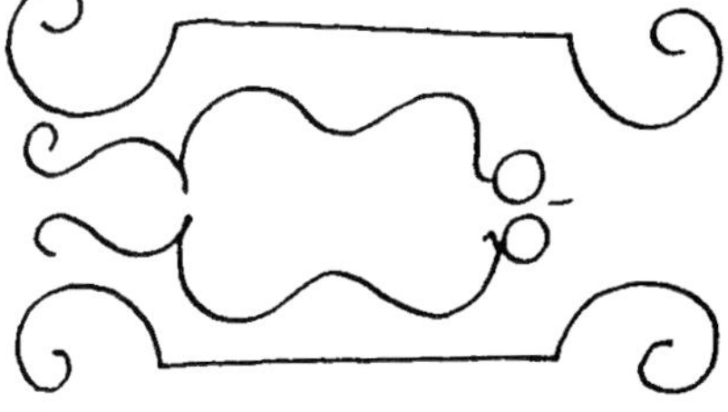

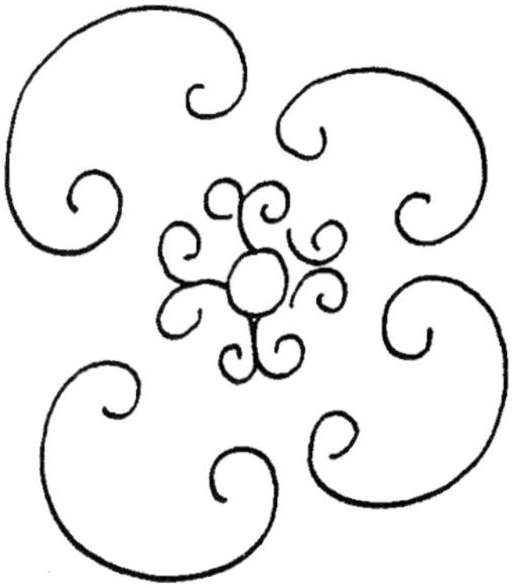

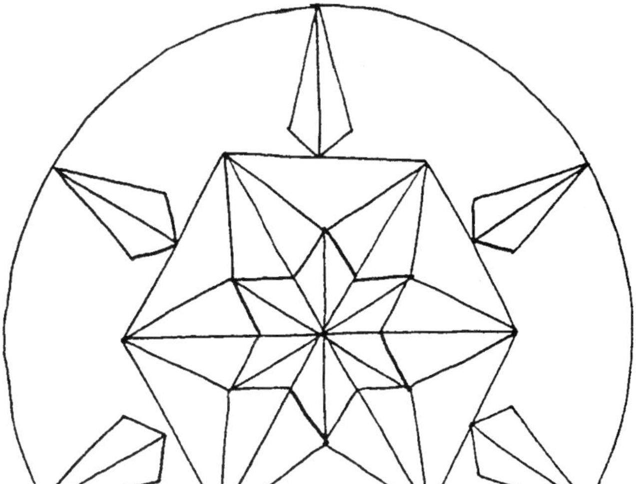

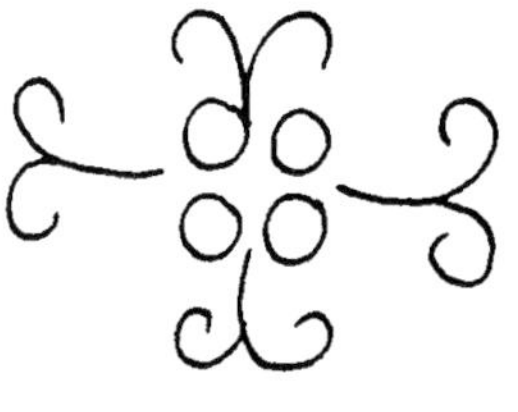

PATRONS

59

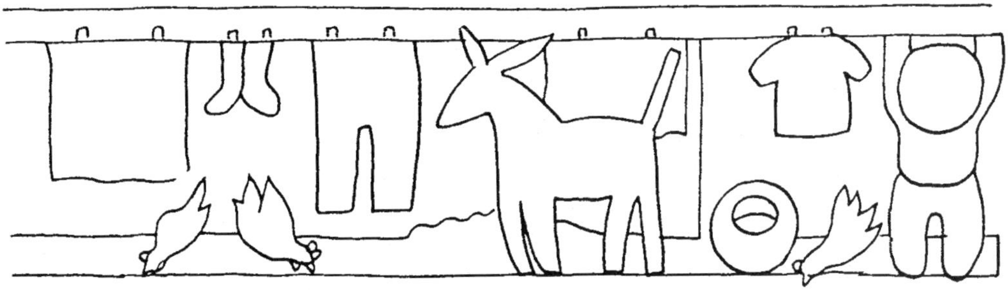

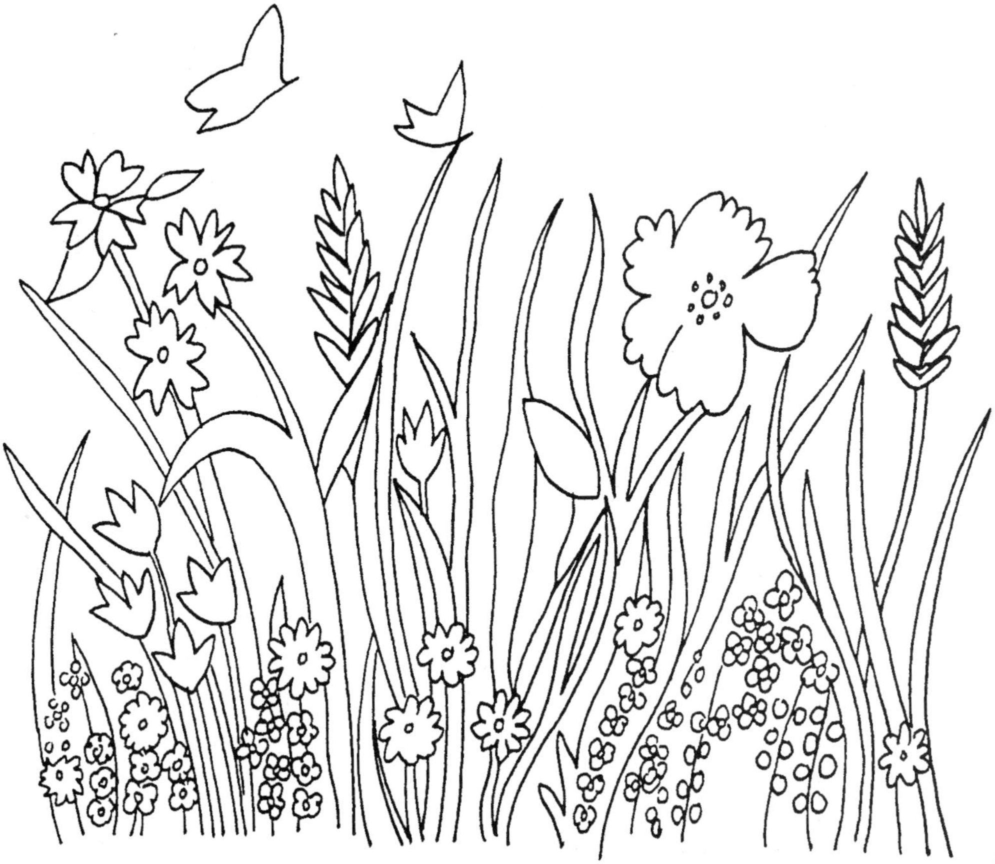

PATRONS

61

Petits Pratiques Hachette

100 titres disponibles

cuisine

- Agneau
- Barbecue
- Bœuf
- Brunchs
- Buffets
- Céréales
- Champignons
- Chocolat
- Cocktails
- Confitures, conserves
- Cuisine alsacienne
- Cuisine asiatique
- Cuisine pour bébés
- Cuisine bretonne
- Cuisine chinoise
- Cuisine aux condiments
- Cuisine créole
- Cuisine pour deux
- Cuisine facile
- Cuisine grecque
- Cuisine aux herbes
- Cuisine indienne
- Cuisine italienne
- Cuisine libanaise
- Cuisine marocaine
- Cuisine orientale
- Cuisine pour une personne
- Cuisine provençale
- Cuisine russe
- Cuisine tex-mex
- Cuisine au tofou
- Cuisine végétarienne
- Desserts
- Entrées et hors-d'œuvre
- Fondues
- Fruits exotiques
- Gratins et soufflés
- Le goût en quatre saveurs
- Légumes
- Mets et vins
- Oeufs
- Pâtes
- Pâtisserie
- Petits gâteaux
- Pizzas et tourtes
- Plats mijotés
- Poissons
- Pomme de terre
- Riz
- Salades composées
- Salades variées
- Sauces
- Soupes et potages
- Tartes et gâteaux
- Veau
- Volailles

animaux

- Aquariums
- Aquarium, les plantes
- Boxers
- Canari
- Caniches
- Chats
- Chiens
- Chinchillas
- Cochon d'Inde
- Hamster
- Perruche callopsitte
- Perruches ondulées
- Lapin nain
- Oiseaux du jardin
- Perroquets
- Petits chiens
- Poissons rouges
- Teckels
- Tortues
- Westies
- Yorkshires

jardinage

- Bambous
- Bégonias
- Bonsaï
- Bouquets
- Bouturages
- Cactus
- Fleurs à bulbes
- Géraniums, pélargoniums
- Jardin de mois en mois
- Orchidées
- Palmiers
- Pelouses et gazons
- Plantes aromatiques
- Plantes d'intérieur
- Potager
- Rhododendrons, azalées
- Roses
- Taille

décoration

- Couronnes de fêtes
- Encadrement
- Fleurs séchées
- Rideaux - Coussins

Hachette, côté pratique

Petits Pratiques Hachette

cuisine

50 recettes "pleine forme" et tous styles, photographiées et expliquées point par point. Des conseils, des variantes et le nombre de calories, lipides, glucides et protides donnés pour chaque recette. Chaque volume : 64 p., 165 x 200 mm, 70 photos couleur, couverture brochée.
34 F.

85 titres

animaux

Bien comprendre et bien soigner son animal préféré. Chaque volume : 64 p., 165 x 200 mm, 80 photos couleur et illustrations, couverture brochée.
34 F.
La série sur les races de chiens et de chats est dirigée par le docteur Pierre Rousselet-Blanc.

35 titres

jardinage

Un choix varié de titres constituant une encyclopédie illustrée du jardin. Nombreuses photos et illustrations. Chaque volume : 64 p., 165 x 200 mm, 90 photos couleur, couverture brochée.
34 F.
Directeur de collection : Patrick Mioulane.

32 titres

décoration

Des idées hautes en couleurs pour embellir son cadre de vie.
Chaque volume : 64 p., 165 x 200 mm,
70 photos couleur,
couverture brochée.
34 F.

18 titres

beauté

Pour être belle et bien dans sa peau en toutes occasions.
Chaque volume : 64 p., 165 x 200 mm,
70 photos couleur,
couverture brochée.
34 F.

8 titres

Hachette Pratique

Adresses utiles

Objets à peindre

Truffaut, 85, quai de la gare, 75013 Paris.
3614 Truffaut.
Coq, girouette, coupe de fruits, vase, seau miniature horticole.

Stylisme

Ikea (siège social), 101, rue Pereire, 78100 Saint Germain-en-Laye.
Tél. : 01.39.10.20.20
Pied de lampe, lustre, seau, arrosoir, coupe, cadre, seau de fleuriste, boîte de rangement, tableau magnétique.

La Samaritaine, 19, rue de la monnaie, 75001 Paris. Tél. : 01.40.41.20.20
Kilim, couverts, torchons, abat-jour.

Marie Papier, 26, rue Vavin, 75014 Paris.
Tél. : 01.43.21.63.20
Fournitures de bureau et papiers.

Lina Audi pour Liwan, 8 rue Saint-Sulpice, 75006 Paris.
Verres à thé, coupe en cuivre.

Truffaut, 85 quai de la gare, 75013 Paris.
3614 Truffaut.
Croisillons, fleurs, coloquintes, cutils de jardinage.

© 2000, Hachette livre (Hachette Pratique), Paris.

Tous droits de traduction, d'adaptation et de reproduction totale ou partielle, pour quelque usage, par quelque moyen que ce soit, réservés pour tous pays.

Secrétariat d'édition : Sophie Chavignon
Maquette : Filigrane

Dépôt légal : 8866.01.2000
N° d'éditeur : 52838
ISBN : 2.01.620834.1
62.61.0834.01.2
Impression : Canale, Turin (Italie).